Our Family Christmas Journal

This journal is a place to keep all of your favorite traditions.

Enjoy the time together as you document treasured moments of past and present Christmas.

Name all the family members and friends with whom you have shared Christmas:

Family Members:

Who are the oldest living members of the family?

Who are the youngest?

Add pictures of your family members and friends.

Photos

Photos

Photos

Photos

Draw your family crest here.
Go ahead...make one up if you
don't have one.

What are the special talents among your family members?

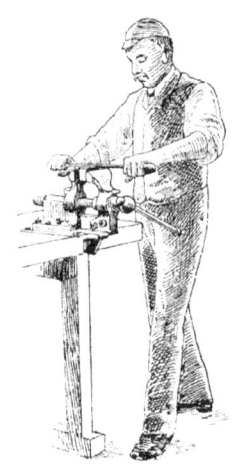

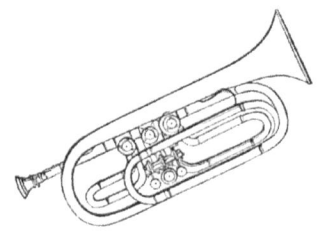

What are your favorite memories of past Christmas seasons?

Memories

What is the first thing you do as a family to start the Christmas season?

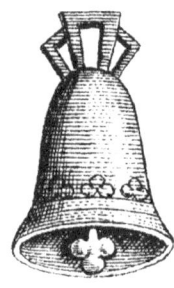 What events do you attend during the Holidays?

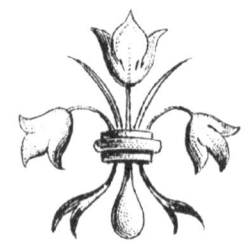

Events

How do you decorate?
(Indoor / Outdoor)

Add pictures of your family decorations.

Photos of the inside.

Photos of the inside.

Photos of the outside.

Photos of the outside.

What kind of tree do you display?

Draw a picture of your tree.

Describe your favorite ornaments?

How did you get them?

What is your Christmas dinner menu?

 What are your favorite Christmas smells?

Name some of the best Christmas snacks.

What are some of the favorite gifts each family member has received throughout the years?

Favorite Gifts

What does your family wear on Christmas morning?

Do you make gifts for your friends and family?

Name some of your favorite Christmas carols?

Write down a funny thing that happened at Christmas time.

What is the best Christmas movie?

Anything ever go wrong at Christmas time?

Does your family watch football or parades on Christmas?

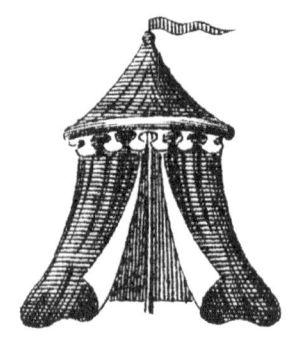

Do you attend any Holiday Parties?

Do you have any special
Christmas stocking rituals?

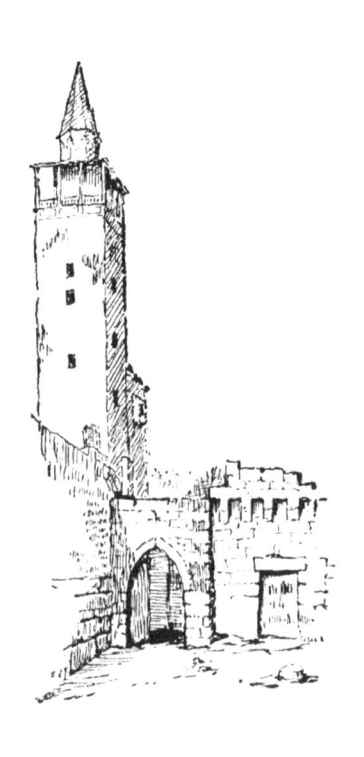

When do you open gifts?

Do you donate your
time to serve others?

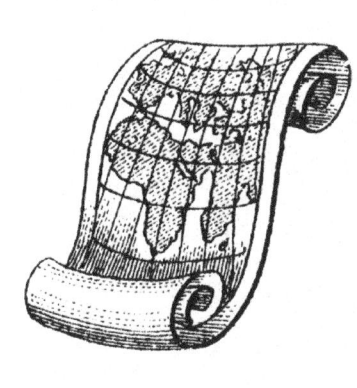

Do you play games as a family?

The following pages are for you to make up your own family memory questions.

Be creative.

Interview your elder family members.

Find out what Christmas was like when they were children.

Use the following pages to document your favorite family holiday recipes.

Recipe: _____

Serving: _____ Prep Time: _____

Cook Time: _____ Temperature: _____

Ingredients:

_____
_____
_____
_____
_____
_____
_____
_____
_____
_____
_____
_____
_____
_____
_____
_____

Methods:

_____
_____
_____
_____
_____
_____
_____
_____
_____
_____
_____
_____
_____
_____
_____
_____

Wine Pairing: _____

From the Kitchen of: _____

Recipe: _____

Serving: _____   Prep Time: _____

Cook Time: _____   Temperature: _____

Ingredients:

_____
_____
_____
_____
_____
_____
_____
_____
_____
_____
_____
_____
_____
_____
_____
_____

Methods:

_____
_____
_____
_____
_____
_____
_____
_____
_____
_____
_____
_____
_____
_____
_____

Wine Pairing: _____

From the Kitchen of: _____

Recipe: _____

Serving: _____   Prep Time: _____

Cook Time: _____   Temperature: _____

Ingredients: Methods:

_____   _____
_____   _____
_____   _____
_____   _____
_____   _____
_____   _____
_____   _____
_____   _____
_____   _____
_____   _____
_____   _____
_____   _____
_____   _____
_____   _____

Wine Pairing: _____

From the Kitchen of: _____

Recipe: _____

Serving: _____   Prep Time: _____

Cook Time: _____   Temperature: _____

Ingredients:

Methods:

Wine Pairing: _____

From the Kitchen of: _____

Recipe: _____

Serving: _____ Prep Time: _____

Cook Time: _____ Temperature: _____

Ingredients:

_____
_____
_____
_____
_____
_____
_____
_____
_____
_____
_____
_____
_____
_____
_____

Methods:

_____
_____
_____
_____
_____
_____
_____
_____
_____
_____
_____
_____
_____
_____
_____

Wine Pairing: _____

From the Kitchen of: _____

Recipe: _____

Serving: _____   Prep Time: _____

Cook Time: _____   Temperature: _____

Ingredients: Methods:

_____   _____
_____   _____
_____   _____
_____   _____
_____   _____
_____   _____
_____   _____
_____   _____
_____   _____
_____   _____
_____   _____
_____   _____
_____   _____
_____   _____

Wine Pairing: _____

From the Kitchen of: _____

Recipe: _____

Serving: _____ Prep Time: _____

Cook Time: _____ Temperature: _____

Ingredients:

Methods:

Wine Pairing: _____

From the Kitchen of: _____

Recipe: _____

Serving: _____   Prep Time: _____

Cook Time: _____   Temperature: _____

Ingredients: Methods:

Wine Pairing: _____

From the Kitchen of: _____

Recipe: _____

Serving: _____ Prep Time: _____

Cook Time: _____ Temperature: _____

Ingredients: Methods:

_____   _____
_____   _____
_____   _____
_____   _____
_____   _____
_____   _____
_____   _____
_____   _____
_____   _____
_____   _____
_____   _____
_____   _____

Wine Pairing: _____

From the Kitchen of: _____

Recipe: _____

Serving: _____   Prep Time: _____

Cook Time: _____   Temperature: _____

Ingredients: Methods:

_____   _____
_____   _____
_____   _____
_____   _____
_____   _____
_____   _____
_____   _____
_____   _____
_____   _____
_____   _____
_____   _____
_____   _____
_____   _____
_____   _____

Wine Pairing: _____

From the Kitchen of: _____

Recipe: _____

Serving: _____ Prep Time: _____

Cook Time: _____ Temperature: _____

Ingredients: Methods:

_____   _____
_____   _____
_____   _____
_____   _____
_____   _____
_____   _____
_____   _____
_____   _____
_____   _____
_____   _____
_____   _____
_____   _____
_____   _____

Wine Pairing: _____

From the Kitchen of: _____

Recipe: _____

Serving: _____   Prep Time: _____

Cook Time: _____ Temperature: _____

Ingredients: Methods:

Wine Pairing: _____

From the Kitchen of: _____

Recipe: _____

Serving: _____   Prep Time: _____

Cook Time: _____   Temperature: _____

Ingredients:

Methods:

Wine Pairing: _____

From the Kitchen of: _____

Recipe: _____

Serving: _____   Prep Time: _____

Cook Time: _____ Temperature: _____

Ingredients: Methods:

_____   _____
_____   _____
_____   _____
_____   _____
_____   _____
_____   _____
_____   _____
_____   _____
_____   _____
_____   _____
_____   _____
_____   _____
_____   _____
_____   _____

Wine Pairing: _____

From the Kitchen of: _____

Recipe: _____

Serving: _____   Prep Time: _____

Cook Time: _____   Temperature: _____

Ingredients: Methods:

_____   _____
_____   _____
_____   _____
_____   _____
_____   _____
_____   _____
_____   _____
_____   _____
_____   _____
_____   _____
_____   _____
_____   _____

Wine Pairing: _____

From the Kitchen of: _____

Recipe: _____

Serving: _____   Prep Time: _____

Cook Time: _____   Temperature: _____

Ingredients: Methods:

_____   _____
_____   _____
_____   _____
_____   _____
_____   _____
_____   _____
_____   _____
_____   _____
_____   _____
_____   _____
_____   _____
_____   _____
_____   _____
_____   _____
_____   _____

Wine Pairing: _____

From the Kitchen of: _____

Recipe: _____

Serving: _____   Prep Time: _____

Cook Time: _____   Temperature: _____

Ingredients: Methods:

_____   _____
_____   _____
_____   _____
_____   _____
_____   _____
_____   _____
_____   _____
_____   _____
_____   _____
_____   _____
_____   _____
_____   _____

Wine Pairing: _____

From the Kitchen of: _____

Recipe: _____

Serving: _____   Prep Time: _____

Cook Time: _____   Temperature: _____

Ingredients: Methods:

_____   _____
_____   _____
_____   _____
_____   _____
_____   _____
_____   _____
_____   _____
_____   _____
_____   _____
_____   _____
_____   _____
_____   _____
_____   _____

Wine Pairing: _____

From the Kitchen of: _____

Recipe: _____

Serving: _____   Prep Time: _____

Cook Time: _____   Temperature: _____

Ingredients: Methods:

_____   _____
_____   _____
_____   _____
_____   _____
_____   _____
_____   _____
_____   _____
_____   _____
_____   _____
_____   _____
_____   _____
_____   _____
_____   _____
_____   _____
_____   _____

Wine Pairing: _____

From the Kitchen of: _____

Recipe: _____

Serving: _____   Prep Time: _____

Cook Time: _____   Temperature: _____

Ingredients:

_____
_____
_____
_____
_____
_____
_____
_____
_____
_____
_____
_____
_____
_____
_____

Methods:

_____
_____
_____
_____
_____
_____
_____
_____
_____
_____
_____
_____
_____
_____
_____

Wine Pairing: _____

From the Kitchen of: _____

Recipe: _____

Serving: _____ Prep Time: _____

Cook Time: _____ Temperature: _____

Ingredients: Methods:

_____   _____
_____   _____
_____   _____
_____   _____
_____   _____
_____   _____
_____   _____
_____   _____
_____   _____
_____   _____
_____   _____
_____   _____
_____   _____
_____   _____

Wine Pairing: _____

From the Kitchen of: _____

Recipe: _____

Serving: _____   Prep Time: _____

Cook Time: _____   Temperature: _____

Ingredients: Methods:

_____   _____
_____   _____
_____   _____
_____   _____
_____   _____
_____   _____
_____   _____
_____   _____
_____   _____
_____   _____
_____   _____
_____   _____
_____   _____
_____   _____

Wine Pairing: _____

From the Kitchen of: _____

Recipe: _____

Serving: _____   Prep Time: _____

Cook Time: _____   Temperature: _____

Ingredients: Methods:

_____   _____
_____   _____
_____   _____
_____   _____
_____   _____
_____   _____
_____   _____
_____   _____
_____   _____
_____   _____
_____   _____
_____   _____
_____   _____
_____   _____

Wine Pairing: _____

From the Kitchen of: _____

Made in the USA
Coppell, TX
23 December 2021